Wortmeldung

Hans Henning Stubenrauch

Wortmeldung

Politische Gedichte

ihleo ◐ verlag

**Bibliografische Information
der Deutschen Nationalbibliothek**

Die Deutsche Nationalbibliothek verzeichnet diese Publikation
in der Deutschen Nationalbibliografie; detaillierte bibliografi-
sche Daten sind im Internet über http://dnb.d-nb.de abrufbar.

Impressum

© Hans Henning Stubenrauch, Butzbach 2019

Gestaltung:
  „designwerkstatt" Butzbach

Umschlagabbildung:
  Fotostudio Achim Küst, Frankfurt am Main

Gesamtherstellung:
  ihleo verlagsbüro – Dr. Oliver Ihle,
  Schlossgang 10, 25813 Husum
  info@ihleo.de | www.ihleo.de

ISBN 978-3-96666-004-4

Für die Stillen im Lande

Inhalt

Kritik der Wirtschaft

Die Politik

Religionen

Prolog

Über all das Unrecht in dieser Welt,
über schnöde Allmacht, genannt das Geld,
da gibt es eine innere Glut,
die sich entfacht zu gerechter Wut.
Über all den Frust sind wir empört getrieben,
die wir friedfertig eigentlich Stille lieben.
Doch halt!
Zum Wüten dürfen wir uns niemals treiben lassen.
Wut und Frust jedoch kritisch in Worte fassen.
Mahnend müssen wir den Finger heben.
Müssen den Stillen im Lande eine Stimme geben.

Zwei Dinge sind unendlich:
Das Universum und die
menschliche Dummheit.
Aber bei dem Universum bin
ich mir noch nicht ganz sicher.

Albert Einstein

Menschlich, nur zu menschlich

Am Brunnen vor dem Tore

Am Brunnen vor dem Tore,
da steht ein Lindenbaum.
Dort träumte in seinem Schatten
so mancher einen schönen Traum.
Doch der Zeitgeist eilte mit großen Schritten.
Brunnen und Baum hatten sehr gelitten.
Der Geist der Romantik hatte den Ort verlassen.
Die Idylle umtost von verkehrsreichen Straßen.
Doch zeitlos Jahr um Jahr die Linde blüht
und zeitlos im Herbst ihr Laub erglüht.
Modern der Zeitgeist, er rast weiter,
Verkehr und Technik nimmt er mit.
Wieder still und wieder heiter
bleibt der idyllische Ort zurück.
Am Brunnen vor dem Tore,
da steht ein Lindenbaum.
Ich träum in seinem Schatten
so manchen schönen Traum.

.
———
.

Archetypus Einsamkeit

Da gibt es eine stille Macht,
die lauernd über der Menschheit wacht.
Es ist der Archetypus Einsamkeit.
Emotional ist kein Sapiens dagegen gefeit.
Der Mensch ist ein soziales Wesen.
Er braucht den Kumpel beim Bier am Tresen.
Selbst am überfüllten Badestrand
fühlt er sich in der Masse artverwandt.
Getrennt von seiner Horde und ganz
auf sich allein gestellt
glaubt er sich verlassen und sehr
einsam auf der Welt.
Aus archaischer Angst vor der Einsamkeit
ist der Sapiens zu jeder Art Bindung
an seine Spezies bereit.
Selbst wenn sie nicht zueinander passen
können sie nicht voneinander lassen.

Das große Treten

Ein Mensch, er kann noch nicht mal gehen,
nicht auf seinen eigenen Füßen stehen.
Und doch tritt er ins Leben ein.
Es wird sein erstes öffentliches Treten sein.
Auf Schritt und Tritt muss er im Leben
nun rückwärts, vorwärts oder um sich treten.
Ohne sich in eine dieser Richtungen zu bewegen,
wird es für ihn nur Auf-der-Stelle-Treten geben.
Doch selbst in solch fixierter Position
kommt ein Tritt in den Arsch gelegen;
mit einem Tritt dieser Art kann man drohen,
der zwingt den Leisetreter lauter aufzutreten.
Muss ein Mensch mal austreten,
dann ist es klar, er muss einmal.
Er wirkt dann manchmal höchst betreten,
doch Austreten ist ganz normal.
Man kann auch vor den Richter oder
den Altar hintreten.
Oder man vertritt seine eigene Position.
So kann man das Dasein verschieden erleben,
jedoch ist Treten lebenslange Option.
Irgendwann auf des Lebens Bühne
tritt jeder Mensch vor den Vorhang raus,
verbeugt sich noch einmal mit ernster Miene
alleine, verlassen beim finalen Applaus.
Und so wie er am Anfang ins Leben getreten,
so tritt er am Ende auch wieder ab.
Die anderen treten dann etwas betreten
mit frischen Kränzen an sein Grab.

Das Klassentreffen

Runen hat das Schicksal in ihre Gesichter gegraben,
archaisch schön.
Verschwiegen bleiben seelische Narben.
Jahrzehnte haben manche sich nicht gesehen.
Erkennen sich nur mit Worten wieder.
Bemühen zur Umarmung betagte Glieder.
Jugend lebt auf in verblichenen Fotografien.
Erinnerungen lassen ihr Leben vorüberziehen.
Bange zweifelnde Versprechen
auf ein abermaliges Treffen.
Dann löst sie sich auf, die greise Runde.
Man zieht sich zurück, allzu früh die Stunde.
Nur einige wenige höchst Agile
belächeln weinselig erweckte Jugendgefühle.
Für sie schlägt keine frühe Stunde.
Der Weg ist das Ziel für die berauschte Runde.

Das kleine Licht

Ach, was bin ich doch ein kleines Licht!
Ich verstehe Einstein nicht.
Kein genialer Geistesblitz an meinem Horizont.
Warum hat denn Einstein das gekonnt?
Raum und Zeit gekrümmt!?
Keine Ahnung, wie das stimmt.
Ewigkeit, Unendlichkeit, mein kleiner Geist kann sie nicht fassen.
Versuche, mir das vorzustellen, kann ich jedoch nicht lassen.
Ach, unstet grüblerisches Denken in rastlos geistigen Wirren.
Moment mal ... Selbst Einstein könnt' sich doch irren!
Vielleicht ist ja alles nur eine Frage der Sicht
und ich bin doch nicht so ein kleines Licht.

$$\frac{.}{.}$$

Das starke Geschlecht.

Symbol für maskuline Arroganz
ist oft nur der erigierte Schwanz.
Was haben die Kerle sich eigentlich gedacht?
Haben Jahrhunderte über die Frauen gelacht.
Vom Philosoph bis zum Proleten,
alle haben sie nach dem Weib getreten.
Geistig moralisch und selbst in der Tat.
Nun hat das schwache Geschlecht es satt.
Es trägt wie das starke Geschlecht die Hosen.
Der aufgezwungene Machtverlust
treibt die Kerle in Psychosen
und libidinösen Frust.
Aus ist's mit der Männchen Dominanz.
Vorbei die Machoprotzerei.
Jetzt fordern die Frauen auf zum Tanz
und tanzen sich hoffentlich frei.

Der finale Moment

Der Tod ist gut.
Er macht uns Mut
sinnvoll und mit Lust zu leben,
denn jeder weiß,
den finalen Moment, den wird es geben.

·
‾‾‾‾‾‾‾
·

Der Goethe hat mal wieder recht

„Es kann der Frömmste nicht in Frieden leben,
wenn es dem bösen Nachbarn nicht gefällt."
Solche Menschen wird es immer geben.
So ist nun mal der Lauf der Welt.
Doch warum soll man das so einfach akzeptieren?
Warum nicht mal Zurückhaltung verlieren.
Man könnte auf die eigene Kraft vertrauen
und ihm eine in die Visage hauen.
Auch wenn einem oft danach zumute ist,
bleibt man vernünftig und man tut es nicht.
Einsicht verhindert das Gefecht,
und der Goethe hat mal wieder recht.

Der Prügelknabe

Ein Macho prügelt seinen eigenen Sohn.
Vater kann man den nicht nennen.
Er will das Kindchen ständig nur bedrohen,
eine humane Erziehung will er nicht kennen.
Er braucht das zum eigenen Machterhalt.
Sein gedemütigtes Kind, das lässt ihn kalt.
Er prügelt das Söhnchen zum Sohn heran.
Er prügelt ihn auch noch als jungen Mann.
Doch der ist bald erwachsen und stellt
die entscheidende Frage,
die betrifft sein eigenes Glück.
Dar Vater wütet „Du tust, was ich sage!"
Da schlägt das Söhnchen endlich zurück.
Der Macho kam ihm nie mehr in die Quere
und schlug fortan nur noch ins Leere.

.
————
.

Dumm

Am Anfang hockt der Mensch recht dumm
vereinzelt in der Welt herum.
Dann steht er auf, reckt Geist und Glieder,
fliegt auf den Mond, kommt sogar wieder.
Doch irgendwann kippt alles um!
Ohne Weitblick, ohne Klasse
wird das Menschlein wieder dumm.
Mutiert sind wir, die kluge Rasse,
zu einer dummen Menschenmasse.
Der Mensch ist klug und dumm zugleich.
Klugheit macht ihn geistig reich.
Doch Dummheit scheint er mehr zu lieben.
Uns wär' 'ne bessere Welt beschieden.

Ein Kreuzlein

Ein Kreuzlein steht am Wegesrand,
geschmückt mit Plastikrosen.
Der Name drauf ist unbekannt.
Er hat den Segen von oben.
Dieser Mensch war auf den Straßen
einer von denen, die ständig nur rasen.
Das Kreuzlein soll nun Mahnung sein,
geschmückt mit Plastikrosen.
Missachtet steht es dort im Gras allein,
während sie arglos auf den Straßen
weiter in ihr Unglück rasen.

.
‾‾‾‾‾
.

Es wär' zu schön ...

Es wär' zu schön, um wahr zu sein,
wenn alle Welt sich liebte.
Es wär' zu schön, um wahr zu sein,
wenn uns kein Wässerchen trübte.
Es wäre möglich wahr zu sein,
wenn jeder sich in Liebe übte.

.
———
.

Hoffnung

Hoffnung ist ein probates Mittel
gegen Hoffnungslosigkeit,
denn sie setzt diese in Zweifel
und weist auf neue Möglichkeit.
In sich mag das ein Widerspruch sein.
Doch der Menschen setzt dennoch
all seine Hoffnung da rein.

.
———
.

Machos

Machos, Gattung Federvieh, geringer Verstand.
Als Gockel und Pfauen ziehen sie durchs Land.
Machos brauchen das Publikum,
spielen die Muskeln und plustern sich auf.
Drum stolzieren sie als Geflügel herum.
Frauen lachen sie heimlich aus.
Die ein oder andere fällt darauf rein.
Der Kerl lässt sie sitzen, sie wieder allein.
Machos sind eitel,
mit gebügelten Hosen,
gerade gescheitelt,
mit lachhaften Posen.
Nur glücklich werden sie damit nie.
Sie sind und bleiben Federvieh.

Mannesehre, Mannesmut

Da gab es sich schlagende junge Männer
in traditionsreichen Korporationen.
Sie waren hochintelligente Kenner
von einflussreichen Positionen.
Straff dominiert von einer alten Herrenriege
zelebrierten sie Ehre und Vaterlandsliebe.
Germania; Kultfigur mit Statuswert
wurde von ihnen hoch verehrt.
Sie „rieben den Salamander",
bis sie deutschtrunken über die Tische fielen,
um ihr nationales Mütchen zu kühlen.
Mannesehre und Mannesmut,
ach, tat das dem Ego gut!
Sie fochten mit Säbeln für solche Ideale.
Wunden und Narben getragen als stolze Male.
Anachronistisch mutet das in der Moderne an,
ein Fuß im Gestern, den anderen im Heute.
Zeitlos stehen sie noch immer ihren Mann
und sind doch eigentlich studierte Leute.

Menschlicher Größenwahn

Wahre Größe ist Weisheit in Demut und Vernunft.
Doch die moderne Menschheit beherrscht nicht
diese tugendhafte Kunst.
Sie leidet eher dumm und dreist daran
Größe zu verwechseln mit Größenwahn.
Mit diesem krankhaften Verhalten ist das
Menschlein dabei, die Welt umzugestalten.
Technologisch gigantisch will es den Fortschritt
ständig auf die Spitze treiben.
Die Natur wird es schlicht in seine
Schranken weisen.
Größe kann Gigantismus, aber auch
Ethisch-moralische Tugend sein.
Ganz gleich zu welcher Entscheidung
das Menschlein es irgendwann
mal kommen lässt,
für das kosmische Ganze steht das
Ergebnis bereits fest.

Wer im Glashaus sitzt …

Am besten ist, man geht da hinein,
ohne Vorsatz und ohne Stein.
Und wirft man von drinnen statt dem Stein
den Blick auf den Wahnwitz dieser Welt,
fühlt man sich hilflos entmutigt, ganz allein,
und um den Vorsatz ist es schlecht bestellt.
Man greift nach dem Stein, doch der liegt
zum Glück ja da draußen.
Man ist bedeutungslos und klein,
muss zornig in die Welt rauslaufen.
Dort greift man wütend nach dem Stein.
„Doch Stopp!", sagt die Vernunft. „Halt inne!
Wut darf die Reaktion nicht sein!
Agiere gemäßigt in friedlichem Sinne!"
Der Krampf löst sich in deiner Hand.
Der Stein fällt achtlos nach unten.
Ein Wüterich mit reaktionärem Verstand
hat ihn zum falschen Moment dort gefunden.

·
———
·

Dieses Unbehagen

Da ist es wieder dieses Unbehagen.
Unbewusst, tückisch schleicht es sich ein.
Dann beginnt man sich kritisch zu fragen,
was mag wohl der Grund dafür sein?
Es ist der Zeitgeist.
Er treibt uns in chaotisch-kryptische Gefühle.
Er setzt uns hämisch ohne Antwort zwischen alle Stühle.
Gefühle sind schwerlich nach ihrem Wesen zu hinterfragen.
Wir bleiben sprachlos mit dem Zeitgeist … diesem Unbe-
hagen.

Zweifelhafter Besitzanspruch

Kein Kind auf dieser Welt konnte je
sein Einverständnis dazu geben
geboren zu werden und dann zu leben.
Mit welchem Recht sind manche Mütter
so unverfroren
und werfen dem Kindchen vor, sie habe
es schließlich unter Schmerzen geboren.
So lernt der Sprössling schon in frühen Jahren
unverschuldet Schuldgefühle zu erfahren.
Diese Art von Repression
wird später fortgesetzt durch ständig
sorgenvollen Ton.
Ein Kind hat das Recht, auch Sorgen zu bereiten.
Das sollten die Eltern respektieren, wenn sie
mit ihm darüber streiten.
Das Kind muss letzten Endes damit leben,
wie Vater und Mutter es sich halten,
denn sie sind es, die seine Entwicklung nach
ihrer Gesinnung gestalten.
Doch irgendwann ist es erwachsen und lebt
sein eigenes Leben
und keiner der Eltern hat mehr das Recht,
da irgendwie noch reinzureden.
Aus dem Egoismus der Geburt darf weder Vater
noch Mutter das Recht ableiten
auf Besitzanspruch des Kindes für alle Zeiten.
Keiner ist im Grunde der Besitz des andern.
Das haben viele Eltern jedoch nie verstanden.

Eine Zivilisation

Am Kreuzweg

Ein Mensch, geruhsam ohne Hast
macht an einem Kreuzweg Rast.
Er setzt sich auf ein Bänkchen nieder
und streckt die wandermüden Glieder.
Gemächlich schaut er in die Runde
und genießt die Gunst der Stunde.
Kein Straßenlärm, keine Reklame-Werbeflut.
Ach, denkt er, wie tut doch diese Ruhe gut.
Sein Blick schweift über weite Flur,
da ... bis zum Horizont nur Mais und Monokultur.
Pestizide, gentechnologische Monotonie.
Der Wanderer fällt vor dem Kreuz auf die Knie
„Oh Herr, schau dir diese Landschaft an.
Bewahre uns vor diesem Wahn."
Hastig ergreift er seinen Hut
und eilt davon in voller Wut.
Zurück bleibt der Gekreuzigte in bleiern monotoner Stille.
Kein Vogel zwitschert mehr in der geschändeten Idylle.

———

Das deutsche Wirtschaftswunder

Der Marshallplan war aufgegangen.
Damit hat alles angefangen.
Die Nation, sie lag darnieder,
gebrochen waren ihre Glieder.
Stunde null für Konzerne und Investoren.
Das deutsche Wirtschaftswunder war geboren.
Deutscher Fleiß und Gründlichkeit,
jeder war dazu bereit,
mit seiner Kraft und seinem Willen
den Hunger auf Konsum zu stillen.
Die Nation erhob sich, genesen über Nacht,
vom Ruin zur kapitalen Wirtschaftsmacht.
Grenzenloses Konsumieren
gigantisches Industrialisieren.
Ohne Rücksicht auf die Umwelt, die Natur
tickte von nun an die ökologische Uhr.
Jahrzehnte hielt der Wahnsinn an.
Dann schrillte weltweit der Alarm.
Klima und Umwelt drohen zu ersticken.
Die Menschheit überhört das mahnende Ticken.
Und das deutsche Wirtschaftswunder
geht irgendwann in diesem Chaos unter.

.
————
.

Das Menschlein

Armseliges Menschlein,
willst aus deinen Fehlern nicht lernen.
Greifst mit viel zu kurzen Armen nach den Sternen.
Kletterst auf der Himmelsleiter hinauf ins ewige All,
immer weiter, weiter, auf der Suche nach dem großen Knall.
Doch dreh' dich mal um und schaue nach unten.
Dort leuchtet der blaue Planet unsagbar schön.
In deiner Dummheit hast du ihn geschunden,
vielleicht erkennst du von oben seine Wunden.
Du willst sie da unten ja nicht sehen.

Der Menschheit ältestes Gewerbe

Es gibt Gewerbetreibende in unserem Land,
abschätzig diffamierend Nutten genannt.
Ihre Kunden, Männer aus allen Gesellschaftsschichten,
erdreisten sich bigott diese Frauen zu richten.
Ehefrauen blasen in das gleiche Horn
und beleidigen Prostituierte in frustriertem Zorn.
Aus der Sicht überheblich christlicher Moral
hält man diese Frauen für asozial.
Doch sie füllen eine Lücke im sozialen Gefüge.
Das zu leugnen wäre eine Lüge.
Der Menschheit ältestes Gewerbe
existiert seit je in Gesellschaftsstrukturen.
Es ist auch unser historisches Erbe
und leistet sozial seinen Beitrag in allen Kulturen.
Nicht immer waren diese Frauen so diskriminiert wie heute.
Es sind Menschen wie du und ich, also ganz normale Leute.

Der Shootingstar

Ein Shootingstar betritt ungewollt die Medienbühne.
Vorher völlig unbekannt, plötzlich ein medialer Hüne.
Seine bescheiden kleine Heldentat,
regional nur wenig beachtet, längst vergessen,
wird skrupellos erneut vermarktet von
boulevardjournalistischen Interessen.
Um publizistisch ein Sommerloch zu füllen,
druckt man populistisch erdachte Lügen.
Ungeachtet seiner Proteste und gegen seinen Willen
muss der unerfahrene Protagonist
sich den mächtigen Zeitungsmachern fügen.
Rechtlos in Anbetracht von Mangel an Geld
bleibt er für eine Saison ihr vereinnahmter Held.
Sommerloch und Kassen der Konzerne sind reichlich gefüllt.
Der Sensationshunger gelangweilter Leser mal wieder gestillt.
Eine geschmacklose Inszenierung, gefräßig verdaut,
der „Held" seines Selbstwertgefühles beraubt.

.
———
.

Die Cyberattacke

Digitale Ohnmacht!
Der moderne Mensch
verdient, was er kriegt,
wenn eine Cyberattacke
wieder mal siegt.
So gedankenlos abhängig
war die Menschheit noch nie.
Beherrscht von der Gier
nach digitaler Technologie.
Total dann der Blackout!
Die Nacht wird wieder
das, was sie natürlich ist:
schwarz und dunkel
und ganz ohne Licht.
Statistisch gesehen, ist das
gar nicht so schade.
Es steigert die schwache
Geburtenrate.
Mal ganz im Ernst, wer ist
wohl der Sieger im Cyberkrieg,
wenn das Risiko alleine
bei dem Menschlein liegt?!
Es zappelt gefangen
im World Wide Web.
Die Hacker lachen sich
Konten und Bäuche fett.

Die industrielle Revolution

Die industrielle Revolution!
Über hundert Jahre geht das schon.
Gieriges Menschlein mit blindem Verstand,
die Evolution, sie hat dich erkannt.
Lange schon hat sie dich im Visier,
dich und deine unsägliche Gier.
Sie wird dich richten.
Sie wird dich vernichten.
Und flugs bist du verschwunden,
vom blauen Planeten, den du geschunden.
Die Moral von der Geschicht':
Der blaue Planet, der braucht dich nicht.

Die Menschheit ist farbig

Die Menschheit ist farbig und wir alle sind gleich.
Egal ob gelb oder rot, ob schwarz oder weiß.
Nur einer musste schon immer opponieren
und will diese Gleichheit nicht akzeptieren.
Es ist der bleiche weiße Mann.
Ein weltweit machtbesessener Tyrann.
Doch seine Herrschaft geht zu Ende.
Wir stehen an einer Zeitenwende.
Der schwarze Kontinent erwacht.
Asien erstarkt zur Weltwirtschaftsmacht.
Letztendlich also sind wir als Farbige alle gleich.
Doch leider unterscheiden wir uns auch in arm und reich.
So haben wir mit der Gleichheit unsere liebe Not.
Nur am Ende gleichen wir uns wieder bleich und … tot.

Dummheit

Dummheit ist der Menschheit Los.
Dummheit, die ist riesengroß.
So groß, dass sie die Welt umspannt.
Infiziert damit ist jedes Land.
Was kann man da machen?
Ist gar nicht zum Lachen!
Infektionen sind schädlich,
oft sogar tödlich.
Dumm infiziert sind wir lange schon.
Ist das gewollt von der Evolution?
Wir sind getrieben, die Welt zu zerstören.
Gefährlich haben wir uns verrannt.
Wollen uns nicht mal mehr empören.
Die Evolution, sie hat das erkannt.

.
——————
.

Ein alter Mann

Ein alter Mann steht ganz alleine.
Verwandte, Familie hat er keine.
Kriege, Auschwitz, Deportation,
er ist Jude, ihr merkt das schon.
Schwer lastet ein Trauma auf seinem Leben.
Doch er will allen nur vergeben!
So friedlich könnt' die Menschheit sein,
der alte Mann wär' nicht allein.
Die Moral von der Geschicht',
hasst euch doch selbst, nur andere nicht!

Fatal

Die Natur kennt keine Katastrophen,
für sie sind die normal.
Wären Menschen bessere Philosophen
verstünden sie das warnende Signal.
Die Natur fragt nicht nach Gründen,
reagiert nur schlicht auf unsere Sünden.
Für das Menschlein katastrophal.
Der Natur ist das egal!
Besinn dich, dummes Menschengeschlecht,
so wirst du der Welt nicht mehr gerecht.
Das kosmische Ganze es braucht dich nicht.
Dein Verschwinden fällt ihm nicht schwer.
Alles kommt wieder ins Gleichgewicht.
Und ohne Mensch ist der Planet nicht leer.

Frankenstein reloaded

Natürliche Auslese, Milliarden Jahre,
Nonplusultra der Evolution,
gerät ad absurdum durch Genmanipulation.
Zum ersten Mal in der Weltgeschichte
macht Homo sapiens die natürliche Entwicklung zunichte.
Gottgleich maßt er sich an, Unsterblichkeit zu schaffen.
Die Götter werden über ihn lachen!
Klonen will er synthetische Wesen mit künstlichen Intelli-
genzen,
die überschreiten dann alle geistigen Horizonte des Men-
schen.
Doch die Geister, die er ruft – sie zu beherrschen, ist er zu
dumm.
Naturgemäß bringen sie den unterentwickelten Sapiens
einfach um.
So wiederholt sich dann doch das Gesetz der Natur.
Und für das einfältige Menschlein tickt ab jetzt erbar-
mungslos die Uhr.

.
———
.

„Fridays for Future"

Ein Appell

Einzigartig im Sonnensystem
schwebt unser Planet verletzlich und schön.
Von Wirtschaft und politischen Zwängen getrieben,
habt ihr verlernt, den Planeten zu lieben.
Doch diese Liebe treibt eure Kinder jetzt an.
In gerechter Wut schlagen sie endlich Alarm.
Mit Tunnelblick lebt ihr in eurer Erwachsenenwelt.
Für euch zählen nur Karrieren und Geld.
Konsumieren, konsumieren, so kann das nicht gehn,
ohne Verantwortung für unser Ökosystem.
Eure Kinder übernehmen eure unterlassene Pflicht.
Wer aber sitzt über euch zu Gericht!?
Denkt an ihre Zukunft, wenn ihr euch mit Konzernen vernetzt.
Ihr habt schon viel zu lange ihre Gefühle und Rechte verletzt.
Lernt von der Jugend, der ihr die politische Reife absprecht.
Lernt von euren Kindern, sie haben verdammt noch mal recht.

Krawumms!

KRAWUMMS, KRAWUMMS!!
Man kann es nicht mehr hören.
Tägliches Morden, dummdreistes Zerstören.
KRAWUMMS!
Müsst ihr denn nur von Gewalt berichten,
von Tod und Terror und Schreckensgeschichten?!
KRAWUMMS!
Und wieder geht 'ne Bombe hoch.
Wie viele davon, wer weiß das noch?
KRAWUMMS!
Für die Medien gefundenes Fressen.
Quotenträchtiges, gieriges Geifern.
Sensationslust genüsslich beim Abendessen.
Kritikloser Stumpfsinn und kein Begreifen.
KRAWUMMS!
Die Staubwolke senkt sich, der Donner verhallt.
Ein Vogel zwitschert im nahen Wald.
Die Sonne scheint friedlich in kosmischer Ruh'.
Ich döse im Gras, mach' die Augen zu.
Im Geiste versuch' ich die Welt zu verstehn.
Ach, denk' ich, ohne den Mensch ist sie wunderschön.

Lieber Heine

Du dachtest an Deutschland in der Nacht
und warst um Deinen Schlaf gebracht.
Heute denke ich an den blauen Planet,
denn wenn wir nicht handeln, ist es zu spät.
Nicht die Natur wird untergehen,
nein, um die Menschheit ist es geschehen.
Homo sapiens, so genial wie dumm,
bringt sich kategorisch selber um.
Die Propheten werden nicht gehört.
Flora und Fauna durch Gewinnsucht zerstört.
Lieber Heine,
ich denke an unseren Planeten in der Nacht
und bin um meinen Schlaf gebracht.

Militanter Tourismus

Einst schifften sich Kreuzfahrer auf Seglern ein
und machten im Heiligen Land gierig Beute.
Heute wollen sie lieber auf Hotelfrachtern sein
und sind ganz normale Leute.
Dennoch bilden sie riesige Heere,
strategisch geführt zu Wasser und zu Luft.
In gigantischen Flotten durchkreuzen sie die Meere
und bekriegen die Umwelt mit touristischer Lust.
Die Schlagkraft ihrer Waffe, das allesbeherrschende Geld,
macht sie zu siegreichen Eroberern der ganzen Welt.
Ihre Quartiere beziehen sie in mächtigen Burgen aus Beton.
Dort lassen sie sich bedienen zu mäßigem Lohn.
Ihre Trampelpfade durchziehen einstmals intakte Kulturen.
Ihre Lust auf Beute hinterlässt am Kulturgut irreparable
Spuren.
Ihren Heerscharen folgt ein geschäftiger Tross
konzernhöriger Marketender.
Finanzstark besetzt die Horde selbst fernste Länder.
Verdrängt einheimischen Handel und Gastronomie
mit globaler Macht der Lebensmittelindustrie.
Ihre Feldzüge unterwerfen Ethnien der Tourismuskultur.
Sie kämpfen zwar friedlich, doch sie zerstören die Natur.
Indigene Folklore vermarktet zum trendigen Show-Event,
choreografisch entwurzelt, bis niemand den Ursprung
mehr kennt.
Militante Touristen in ihren Eroberungszügen
merken nicht mal, dass sie sich selbst belügen.
Womöglich in ihrer Eroberungslust
sind ihnen die Folgen auch gar nicht bewusst.

Natürliche Daseinspfade

Irgendwann hat der Mensch die natürlichen
Pfade seines Daseins verlassen
und sich rasch entfernt auf künstlich
asphaltierten Straßen.
Schnell und schneller konnte er sich
dort fortbewegen.
Sein Ziel: die industrielle Revolution.
Mit dem erhofften Fortschrittssegen
begann er ökologisch zu verrohen.
Als Technologie fanatischer Wachstumsnutzer
verkommt er zum rücksichtslosen Umweltverschmutzer.
Nur die Natur, sie reagiert kryptisch ahnungsvoll-gelassen.
Irgendwann, ohne Nachsicht, ohne Gnade.
jagt sie das Menschlein auf seinen asphaltierten Straßen
zurück zum Ursprung auf die natürlichen Pfade.

.
————
.

Nur eine Laune der Evolution

Am Anfang nur eine Laune der Evolution,
das Menschlein. Schon kriecht es auf allen Vieren,
es krächzt vernehmlich seinen ersten Ton,
beginnt auf zwei Beinen zu marschieren,
entwickelt die Spezies, die Zivilisation,
und glaubt das Schicksal zu manipulieren.
Milliarden marschieren inzwischen den aufrechten Gang,
im Takt der industriellen Revolution,
„konsumieren, konsumieren" ist ihr Gesang,
und das noch für geringen Lohn.
Die Erde wird achtlos zertrampelt von ihren Füßen.
Für diesen Raubbau, Menschlein, wirst du büßen.
Am Ende nur eine Laune der Evolution,
eine Spezies wieder mal verschwunden.
Na ja, was macht das schon?!
Der Planet dreht weiter seine Runden.

.
———
.

Reisen auf den Gleisen

Er sitzt und starrt auf sein Gerät.
Er lebt in einer anderen Virtualität.
Für ihn ist Reisen auf den Gleisen
ein zwanghaftes Sich-selbst-Beweisen.
Eine Reise ohne nennenswertes Ziel.
Nur gewinnen, nur gewinnen im virtuellen Spiel.
Am Fenster zieht mit herrlich alltäglichem Allerlei
die einzig wahre Wirklichkeit vorbei.
Doch zwischen ihr und seiner digitalen Welt
steht der Bildschirm
und hat den Blick nach draußen verstellt.

Romantische Ironie

Im Farbrausch verklärt sind Dünen und Strand.
Sinnlich betört sitzt ein Menschlein im Sand.
Weit ist sein Blick … Ach, Balsam für die Seele.
Fern glühend die Sonne im Meer eintaucht.
Zeitlos die Brandung, wie friedlich sie rauscht.
Ein Seufzer entsteigt des Menschleins Kehle.
Die Möwe schwebt lautlos im Abendrot.
Rotdämmriges Gold am Firmament.
Ein Flügelschlag – und sie ist tot,
verendet in ihrem Element.
Jäh stürzt der Vogel leblos ab.
Versinkt in den Wellen im nassen Grab.
Du ignorante Menschheit, du bist anzuklagen.
Das arme Tier verreckt an deinen Plastikmüll im Magen.

·
———
·

Süppchen löffeln

Der Homo sapiens, ein von der Evolution
begünstigtes Wesen,
ist intelligent, kann schreiben und kann lesen.
Und dennoch fehlt es ihm an ganzheitlichem Denken.
Seine Aufmerksamkeit kann er leider nur auf
Einzelheiten lenken.
Er kocht sein Süppchen, löffelt es aus
und schaut nicht über den Tellerrand hinaus.
So fehlt ihm für das kosmische Ganze der weite Blick,
und trotz Intelligenz bleibt er geistig zurück.
Eine evolutionär begünstigte Kreatur
ist dumm und instinktlos gegenüber der Natur.

Surreal

Ein von hoher Weisheit gefasster Beschluss
besagt, dass Existenz ökologisch sinnvoll sein muss.
Jegliche Ressource sinnlos verschwendet,
bewirkt, das Dasein des Verschwenders
wird proportional früher beendet.
Der Code für die Umrechnung ist nur dieser
Weisheit bekannt.
Sie führt Buch, denn sie traut keinem Menschenverstand.
Doch wenn der Gedanke auch surreal,
die Realität ist höchst fatal.
Also Menschlein, nimm dich in Acht,
sonst hast du dich bald noch selbst umgebracht.

Urzeitgetrommel

Es begann mit Getrommel auf einen hohlen Baum
und eroberte lautstark Zeit und Raum.
Heute im Bruchteil von Sekunden können
komplexe Tongebilde die Welt umrunden.
Es gibt Software, die jede Sprache übersetzt
und uns weltweit kommunikativ vernetzt.
Die Menschheit ist fähig, gemeinsam zu denken
und ihre Schritte in eine radikal digitalisierte
Zukunft zu lenken.
Robotik drängt sich in unser alltägliches Leben
und wird uns viel Zeit zur Langeweile geben.
Der Homo sapiens, das größenwahnsinnige Wesen,
erweckt künstliche Intelligenz zu autonomen Leben.
Geschaffen aus menschlichem Geist und
menschlichem Denken
wird sie, allzu menschlich, zu seinem Kontrahenten.
Apokalyptisch gewaltig erobert sie Zeit und Raum.
Und der Sapiens trommelt wieder auf den hohlen Baum.

.
———
.

Zeitgeist

Draußen steht der Weihnachtsmann,
er ist verschüchtert, klopft nicht an.
Er weiß nicht, ob wir ihn willkommen heißen
oder ihn hochkantig nach draußen schmeißen.
Er bringt uns Apfel, Nuss und Mandelkern ...
Wer mag das Zeug denn heut' noch gern!?
Geschenke sind heut' teuerster Kommerz.
Nur die erfreuen noch der Kinder Herz.
Der Weihnachtsmann tät' gut daran,
passt er sich doch dem Zeitgeist an.

.
———
.

Kritik der Wirtschaft

Apokalypse

Die ganze korrupte politische Bande
ist für die Menschheit eine Schande!
Die Wirtschaft global beherrscht von Egomanen,
dividendensüchtigen gierigen Bossen.
Ihre geheimen Netzwerke kann man nur ahnen.
Die Moral wird zertrampelt von solchen Kolossen.
Politiker, ihr Marionetten der Lobbyisten,
diesen Stall seid ihr verpflichtet auszumisten.
Kyoto, schöner Anfang und gleich das Ende,
schafft endlich die klimatische Wende!
Religiöser Wahn bringt Terror und Tod.
hungernd vegetieren Milliarden in Not.
Sie flüchten ... wohin, erbarmungslos getrieben.
Die Menschenrechte ... hoffnungslos. Wo sind sie geblieben?!
Sozialer Friede ... ist doch ein Hohn,
gefährdet durch Raffgier und niedrigsten Lohn.
Gleichgültigkeit beherrscht die Welt,
zählen tut nur das verdammte Geld.
Statt Apokalypse lebt Empathie!
Doch die Menschheit, die schafft das nie.

.
———
.

Der Globalist

Ein Menschlein, ehrgeizig mit wachem Verstand,
nimmt sein Leben strebsam in die Hand.
Eiskalt und ohne Gefühl
gerät es stetig an sein Ziel.
So kommt auf der Karriereleiter
es Tritt für Tritt nach oben weiter.
Es kennt keinerlei Erbarmen,
hat nur Verachtung für die Armen.
Aktienkurse, Dividende,
fette Boni ohne Ende.
Die Umwelt ist ihm völlig gleich.
Mit dieser Haltung wird man reich.
Im globalisierten Wirtschaftskrieg
zählt nur Versagen oder Sieg.
Das Menschlein hat auf Sieg gesetzt,
sich einflussreich global vernetzt.
Politik und Management geschickt verwoben,
unsere Demokratie korrupt betrogen.
Doch auf dem Gipfel seiner Macht
hat das Schicksal nur gelacht.
Wertlose Aktien, keine Dividende.
Das Menschlein ist total am Ende.
Die Wirtschaftskrise über Nacht
hat es wieder arm gemacht.

.
———
.

Die Bosse, die sich krönen

Die Bosse, die sich krönen,
die sich nur selbst verwöhnen.
Sie lieben ihren Egotrip,
Empathie ist da nicht schick.
Die Gesellschaft ist für sie der Speck,
sie sind die Maden, fressen nur weg.
Geld macht nicht glücklich, das wissen sie auch,
doch macht es mächtig und füllt den Bauch.
Sie sind Götter mit eigenen Rechten,
wie Feudalherren lassen sie knechten.
Im Olymp geheiligter Chefetagen
trifft Management auf Politik.
Gehandelt werden fette Margen,
korrupter Schacher und keine Kritik.
Mit spitzer Feder berechnend und kühl,
nur nicht zu wenig, am besten zu viel.
Sehr kluge Köpfe, die haben sie,
doch macht die Gier sie blind.
Sozial verantwortlich handeln sie nie,
ignorant, egozentrisch, wie sie halt sind.

.
———
.

Die Fäkalfetischisten

Ein Angestellter, vom Erfolg getrieben,
lernt Luxuriöses sehr zu lieben.
Fortan liebt er ferne Reisen,
sich teuer zu kleiden und fein zu speisen.
Um alles das zu finanzieren,
beginnt er liebedienernd zu parieren.
Zum vier Sterne feinen Schmecken
gehört nun auch noch Speichellecken.
Er buckelt sich zum Opportunist
und speichelleckt den Prokurist.
Der ist selbst ein Arschkriecher,
in der Stellung zwar gehoben.
Für Speichellecker hat der 'nen Riecher.
Drum speichelt er ihn nach oben.
So kriechen und speicheln sie erfolgreich weiter
systemimmanent auf der Karriereleiter,
um sich in Chefetagen einzunisten.
Hier können sie noch so stolz erfolgreich protzen,
sie sind und bleiben Fäkalfetischisten.
Und das ist doch zum Kotzen.

.
———
.

Ein Gutmensch

Ein Kind als Gutmensch kommt zur Welt,
um die ist's gar nicht gut bestellt.
In der Schule teilt er schon sein Pausenbrot,
denn andere Kinder leiden große Not.
Er reift zum Mann, studiert Theologie,
doch Pfarrer wird er nie.
Denn er will Gutes tun in großem Stil.
Betriebswirtschaft fortan sein Ziel.
Vom Gutmensch zum Unternehmensboss,
welch ein Wandel!
Sein Reichtum basiert jedoch
auf gerechtem fairem Handel.
Soziale Verantwortung sein höchstes Gebot.
Reich und spendabel wird er ein Philanthrop.
Kapital gepaart mit Empathie,
das klappt selten, ja, eigentlich nie.

———

Es lebe die Automation

Kosten für Personal mit seinen Problemen
sind lästige Posten für die Bilanz im Unternehmen.
Warum muss man die eigentlich löhnen?
Man sollte sie wieder an die Fron gewöhnen!
Den Diktator als Brotgeber gab's zu allen Zeiten.
Nur heute kann man vor Gericht mit ihm streiten.
Selbst berechtigte Klagen gegen ihn
sieht er als respektlos und Mangel an Disziplin.
So grübeln diese Typen seit je her schon,
wie bekomme ich Arbeit ohne Lohn.
Da kommt die Technologie ins Spiel.
Wieder mal sind die Kerle am erwünschten Ziel.
Das neue Personal arbeitet willig, ohne lästigen Lohn.
Es lebe der Fortschritt, es lebe die Automation!
Nun heißt es, fleißig produzieren, produzieren.
Der Mensch steht im Abseits.
Doch wie soll er ohne Lohn das alles konsumieren!?

Familienkrise

Da sind die Boni-Millionäre am Jammern und Schreien
und lassen die Politik mit dem Desaster allein.
Das Desaster haben nur sie verschuldet.
Doch allzu lange von Regierungen geduldet.
Sie zittern vor Angst, die ach so mutigen Großkopffetten,
ihre Finanzen panisch raffgierig vor der Krise zu retten.
Geschickt degenerieren sie zu hilflos brüllenden Kindern.
„Hilfe Vater Staat, hilf unsere Verluste zu lindern!
Hilf deinen unmündigen verschreckten Erben!
Die Krise will uns das Spielen verderben."
Per Dekret sorgt der Papa für Familienfrieden.
Er tut, was sie wollen. Sie werden ihn lieben.
Er reicht jovial den Schmarotzern die öffentliche Hand.
Ja, ist denn der Fiskus noch bei klarem Verstand?
Doch nicht alle in der Familie degenerieren zu hilflosen Kindern.
Nur … ihnen hilft der Papa nicht, ihre Verluste zu mindern.
Mit ihrem Fleiß müssen die das Steuersäckel wieder füllen,
damit ihre raffinierten Geschwister endlich aufhören zu brüllen.
Doch im Stillen sind die Fleißigen zu Recht empört,
weil man wieder mal nur auf die Lautstarken hört.

.
———
.

Finanzmanische Parasiten

Heute ein supranationales Finanztalent,
das weder Skrupel noch soziale Verantwortung kennt.
Spezies „finanzmanischer Parasit", global vernetzt,
der auf jegliche Art Gewinnmaximierung setzt.
Souverän über alle Grenzen dieser Welt
investiert er, an der Steuer vorbei, sein schmutziges Geld.
Seine Geschäfte sind dubios und intransparent.
Oft gedeckt vom politischen Establishment.
Seine Gleichgültigkeit gegenüber Mensch und Natur
hinterlässt im Ökosystem eine verwüstete Spur.
Juristisch versiert überlistet er jedes Gericht,
entzieht sich der Verantwortung und seiner Pflicht.
Er lebt elitär abgehoben, supranational.
Gesellschaft ist finanzstrategischer Spielplatz,
der Rest ist ihm egal.
Und riskiert er wieder mal eine Wirtschaftskrise,
stellt die Politik ihn immer wieder auf die Füße.
Wann nimmt der Bürger endlich sein Schicksal in die
eigenen Hände
und macht, demokratisch legitimiert, dem korrupten
Treiben ein Ende?!

Heimliche Herrscher

Die heimlichen Herrscher der globalen Welt
sind kapitale Bosse mit mächtig viel Geld.
Herrscher wie sie brauchen Fußvolk, große willige Heere.
Das sind heute die Millionen gieriger Aktionäre.
Sie erobern Nationen, ziehen gegen die Umwelt zu Feld.
Und alles mit einer einzigen Waffe: der Sprengkraft vom Geld.
Ihre Unterhändler sind Scharen findiger Lobbyisten,
die Politiker mit subversiven Argumenten überlisten.
Mammon ist ihr verehrter Gott.
Ihm sind sie treu ergeben.
Er hilft aus großer Not.
Sie haben seinen Segen.
Selbst wenn sie eine Schlacht verlieren,
werden sie reich gesegnet weiter paktieren.
Sind wir nicht alle diesem Gott ergeben?
Segnet der nicht auch unser kleines Leben?

.
———
.

Keine gesunde Volkswirtschaft

Zu einer gesunden Volkswirtschaft gehört,
das Volk soll maßvoll konsumieren,
die Wirtschaft ökonomisch, ökologisch reagieren.
Doch die Wirtschaft ist als Partner ungleich raffiniert
und weiß genau, wie man das Volk verführt.
Verführung ist eine Frage von Gegenseitigkeit.
Und das Volk erklärt sich willig dazu bereit.
Es verfällt der Werbung und ihren Illusionen,
glaubt an Rabatte, die keine sind, sie würden
sich lohnen.
Kredite locken zu maßlosem Konsum.
Warum sind diese Menschen nur so dumm!?
Volk und Wirtschaft könnten klüger funktionieren,
würden sie als faire Partner gemeinsam operieren.

.
———
.

Marktanalyse

Die Einkaufstüten prall gefüllt.
Der Mensch hat mal wieder
seinen Konsumwahn gestillt.
Politik und Konzerne sind die
treibende Kraft, die ungezügelt
wirtschaftliches Wachstum schafft.
Doch das ist nur zu erreichen,
wenn geschickt manipulierte Käufermassen
ihnen gezielt die Bilanzen ausgleichen.
Mit sozial verwerflich, billigst
produzierten Warenmassen
füllen Staaten und Konzerne
skrupellos ihre Ladenkassen.
Repressive Ausbeutung humaner Arbeitskraft
hat Generationen von Managern gefühllos gemacht.
Der Mensch degradiert zum mechanischen
Verbraucher, der kauft und kauft,
selbst Dinge, die er gar nicht braucht.
So lässt der Homo sapiens sich willig verführen.
Doch irgendwann bekommt er die Konsequenzen
verantwortlich zu spüren.
Wirtschaftskrise,
Börsenkrach
macht ihn wieder
arm und schwach.

Millionen

Millionen, und es werden immer mehr,
stehen stumm, arbeitslos in der Gesellschaft 'rum.
Faules Pack, Gesindel, schreit der Biedermann.
Konkurs, bankrott und er ist selber dran.
Er reiht sich ein ins letzte Glied und ist um die Façon
bemüht.
Auto weg und Haus und Garten, nun heißt es in der
Schlange warten.
Ich bin doch Biedermann, bin Bürger erster Klasse!
Arbeitslos, zurück ins Glied zur faulen Masse.
Am Stammtisch ist sein Stuhl besetzt,
Herr Biedermann zutiefst verletzt.
Arbeitslos, sie bringen keine Zinsen, abgelehnt, die Bän-
ker grinsen.
Die sogenannten Freunde bleiben aus,
umschleichen scheinheilig den Mensch in Sünde,
ersteigern unter Preis sein Haus und sichern ihre Pfründe.
So nimmt das Leben seinen Lauf, verzweifelt hängt der
bied're Mann sich auf.
Der Stammtisch zetert, Schimpf und Schande,
halt ... Immerhin, so dezimiert sich doch die faule Bande!
Die Politik reibt hämisch sich die Hände, Selbstmord ver-
spricht statistisch eine Wende.
Millionen sind noch selber dran, viele folgen Biedermann.
Millionen stehen stumm ... Warum?

Moderne Fron

Ob in der Fabrik oder im Büro,
Menschen leisten ungezählte Überstunden.
Beherrscht von rigider Hierarchie.
Getreten wird von oben, wie gewohnt, nach unten.
Umgekehrt funktioniert das aber nie.
Denn wagt es einer mal aufzubegehren
und fordert nur seinen gerechten Lohn,
wird man das mit dem Argument verwehren,
das sei pure Aggression.
Repressive Personalpolitik bedingt
wenig Gehalt und niedrigen Lohn.
Auf diese Weise schlägt die Hierarchie zurück.
Früher nannte man das Fron.
In die innere Emigration getrieben
verlernt der Mensch, seine Arbeit zu lieben.
Er tut, was er muss, und müssen tut er viel.
Ein Verlierer der Gewinnsucht im globalen Spiel.

.
———
.

Nicht zu späte Erkenntnis

Globale Konzerne sind Giganten der Macht.
Haben die uns um den Verstand gebracht?
Wir wissen genau, sie lügen und betrügen.
Dennoch können wir es nicht lassen
wieder und wieder uns ihnen zu fügen,
anstatt sie für ihre Verlogenheit zu strafen.
Sie verkaufen moralisch wie ethisch
verwerfliche Produkte – und uns dazu auch
noch für dumm!
Warum drehen wir den Spieß nicht einfach um!?
Lasst ihr Zeug in den Regalen liegen!
Kauft bei denen, die euch nicht betrügen!
Ohne Umsatz und Gewinn
macht ihr Betrug ja keinen Sinn.
Vernunft und fairer Handel Hand in Hand
und wir sind wieder bei klarem Verstand.

Shareholder value

Ein sogenannter kleiner Mann
legt sein Geld in Aktien an.
Aber dabei hat er nicht bedacht,
dass der Konzern korrupt Geschäfte macht.
Rechtsbewusstsein, ja selbst Moral
sind den Managern ganz egal.
Allein dem shareholder value sind sie verpflichtet.
Mit diesen Maximen wird die Umwelt vernichtet.
Ohne Skrupel muss jedes Geschäft sich lohnen.
Ohne Rücksicht auf kommende Generationen.
Als shareholder hat der sogenannte kleine Mann
verantwortungslos auch seine Schuld daran.
Mit dem Ersparten all dieser „kleinen Männer"
wird die Liste der korrupten Vergehen immer länger.
Erst wenn sie lernen, ethisch moralisch zu differenzieren,
wird sich der shareholder value auch gesellschafts- und
umweltverträglich rentieren.

Die Politik

Das Bad im Gedränge

Jovial lächelnd stolzieren sie
Beifall heischend durch das Land
und schütteln dem Bürger auf den
Straßen mal wieder die Hand.
Es ist Wahljahr, so muss man das verstehen.
Nach dem Urnengang wird man die
nicht mehr auf den Straßen sehen.
Jetzt lieben sie das Bad in der Menge.
Der Wähler, geschmeichelt, badet mit im Gedränge.
Eine raffinierte mediale Inszenierung.
Erst nach der kalten Dusche
erkennt er die kalkulierte Verführung.
Dann steht er wie der begossene Pudel da
und merkt, dass vieles auch nur gelogen war.
Und die erwählten Damen und Herren der Politik,
verlieren die Interessen der Bürger mal wieder aus dem Blick.
Sie verschwinden frisch gebadet in der Legislaturperiode.
Das ist nun mal im Politsystem die gängige Mode.

American History

Sie leben noch heute auf einem Kontinent,
der ihnen nicht gehört,
denn dort haben sie ganze Kulturen und
ganze Völker zerstört.
Ihr religiös fundiertes kulturelles Gut
basiert auf repressiver Zerstörungswut.
Ihr rassismusgeprägtes Gebaren
machte Menschen zu Handelswaren.
Versklavte schwarze Knechte,
ohne Lohn und ohne Rechte.
Indigene Stämme, ausgerottet und vertrieben.
Die Überlebenden sind in Reservaten verblieben.
Vielen von diesen Weißen
hat die Geschichte nichts gelehrt.
Heute noch werden ethnischen Minderheiten
ihre Rechte verwehrt.
Oft ist die Justiz auf dem rechten Auge blind,
wie Herrenmenschen nun mal so sind.
Von ihnen tragen viele einen „Ballermann",
haben Angst vor dem roten, schwarzen, selbst
vor ihrem weißen Mann.
Und doch, fast die Hälfte aller Bürger
in diesem Land sind Demokraten,
überzeugt von humaner gerechter Demokratie.
Sie müssen ihre Geschichte und Gegenwart ertragen,
aber dennoch: Verantwortlich dafür sind auch sie.

Das Bauernopfer

Wissenschaftler schaffen klare Fakten.
Ignorant legen Politiker sie zu den Akten.
Brisante Probleme hoffen sie so zu versenken.
Irrtum!
Jetzt ticken Bomben in Aktenschränken.
Diese Ignoranz ist höchst fatal,
doch leider politisches Ritual.
Und geht dann mal 'ne Bombe hoch,
ist keiner es gewesen.
„Ich bin nicht schuld, der war es doch."
Schulterzucken beim Bier am abendlichen Tresen.
Ein Bauernopfer geht in höchstdotierten Ruhestand.
Schuldfrage?! Ja, wozu denn noch?
Ab zu den Akten in den Schrank.

Das Denk einmal

Mit von Stolz geschwellter Brust,
aufgeplustert wie ein Gockel,
steht er mit kruppstahlhartem Blick
dort oben auf dem Sockel.
Martialisch herausgeputzt
mit Pickelhaube und Schwert
wird er von manchen da unten
noch immer verehrt.
Doch schaut man mal genauer hin
ist in dem Kerl ja gar nichts drin.
Innen hohl und außen majestätisch,
ein anachronistisch verehrter Fetisch.
Denkmal heißt auch: denkt einmal!
Dem da oben wart ihr da unten
doch eh und je egal.

Das europäische Haus

Eine supranationale WG,
das ist die europäische Idee.
Wir leben alle in demselben Haus.
Aus allen Fenstern schauen Nationen heraus.
Jede hat ihre landestypischen Eigenheiten.
Die zu tolerieren hilft Kriege vermeiden.
Alle haben dieselben Rechte im europäischen Haus.
Hier heißt es nicht einfach: Ausländer raus!
Wir erwirtschaften gemeinsam unser Bruttosozialprodukt,
wobei jeder dem anderen über die Schulter guckt.
Ein vielsprachig buntes Völkergemisch
trifft sich solidarisch am runden Tisch.
Thema: Das freie Europa grenzenloser Kulturen,
wie hinterlässt es in der Geschichte seine Spuren?
Wäre es nicht wunderschön,
bliebe das gemeinsame Haus auf ewig stehen?!
Wir haben es in Frieden zusammen gebaut, Stein auf Stein.
Ein wenig stolz sollten wir schon darauf sein.

.
———
.

Der Ismus

Terrorismus, Rassismus, Radikalismus,
Kapitalismus, Militarismus, Fanatismus,
Faschismus …
Der Ismus, meist Synonym für Unmoral.
Den freien Menschen macht er zum Knecht.
Er ist fanatisch radikal
und egomanisch selbstgerecht.
Sogar als Wort phonethisch dissonant
und ohne Melodie.
Dagegen wundersam charmant,
in beschwingter Harmonie,
klingt das Wort und der Begriff Demokratie.
Der Ismus brachial und maskulin.
Demokratie dagegen sanft und feminin.
Demokratismus wird es darum niemals geben,
denn er hätte keine Achtung vor dem Leben.

.
———
.

Der König

Der König war früher der Mann der Macht,
heute zum nutzlosen Repräsentanten gemacht.
Doch was repräsentiert er denn genau,
er und seine königliche Frau?
Ein Volk, das sie beide nur liebt,
weil es Tratsch und Klatsch über sie gibt.
Tragische Helden des Boulevards,
anachronistische Figuren im Spiel der Politik.
Ein von Paparazzi bespitzeltes Ehepaar.
Glamouröses Leben bleibt ihnen zum Glück.
Ein teures Hobby der Demokratie sind sie.
Vermarktet von der Tourismusindustrie.
Die selben Leutchen, die sie begaffen,
müssen für sie die Apanagen beschaffen.
Subventioniert sind Schloss und Königshaus.
Er winkt jovial zum Fenster raus.
Legt sich abends wie jedermann ins Bett.
Die Spülung rauscht in dem Klosett.
Ein Hoch auf die moderne Monarchie!
Überflüssig in einer Demokratie.

———

Die infame Lüge

Seit Jahrtausenden ist das maskuline Machtgefüge
infam aufgebaut auf einer Lüge.
Wider besseres Wissen behauptet der Mann,
Frauen sind schwach und geistig unterlegen.
Aus Angst lügt er sich in den Männerwahn,
denn in Wahrheit sind Frauen stark
und die intelligenteren Strategen.
Intuition und Empathie
Beherrschten die Machos selten oder nie.
Doch das sind typisch feminine Wesenszüge,
geschickt verleugnet mit der infamen Lüge.
Ewig galt das Weibchen dem Männergeschlecht untergeben,
eine über viele Generationen vererbte Fron.
Nun erhebt sich das Weib, tritt dem Mann entgegen
und verschreckt ihn mit Emanzipation.
Ein Zweikampf, noch nicht recht begonnen,
da haben die Frauen ihn auch schon gewonnen.

.
———
.

Doch … das ist Utopie

Ich sitze und denke,
den Geist mir verrenke.
Was wäre wenn, was wäre wie,
gäb' es nur noch Empathie!?
Die Welt wär' voller Liebe,
kein Hass und keine Kriege,
ein Leben wie noch nie.
Doch … das ist Utopie.

Dummdreistigkeit

So lange Menschen auf der Erde leben,
so lange wird es Dumme geben.
Sie sind auf Bildung nicht versessen.
Dumme leben lieber das Vergessen.
Zusammengerottet in solidarischen Massen
bejubeln sie jegliche Machtgier auf den Straßen.
Sie sind die treibende Kraft,
die immer wieder Diktaturen schafft.
Populismus ist der Takt, in dem sie marschieren,
um dann sinnentleert in Kriegen zu krepieren.
Dummheit ist ein gesellschaftliches Phänomen.
Selbst die Klügsten können dem nicht entgehn.
Denn auch die Dümmsten bestimmen das
politische Geschick.
Verhängnisvoll die Folgen, sie reichen weit in die
Geschichte zurück.
So lange nicht Toleranz und Vernunft die
Dummheit überstimmen,
wird der dummdreiste Wahnsinn immer
wieder von Neuem beginnen.

.
———
.

Gemeinsam stark

Kommt heraus, ihr Stillen im Lande!
Kommt in die Mitte, steht nicht am Rande!
Gemeinsam stark, nie mehr getrennt.
Wir sind das Volk, die 90 Prozent!
Steht nicht mehr stramm und zeigt Gefühl,
das ist der Weg, das ist das Ziel!
Keine Gewalt, nur Empathie!
So brecht die Lanzen über dem Knie.
Vernunft und Verstand gehen Hand in Hand,
so einigt ihr das ganze Land.

·
———
·

Gerechte Sache

Ein junger Mensch geht in die Politik.
Moralisch sauber versucht er sein Glück.
Er will nicht lügen.
Er will nicht betrügen.
Gerechte Sache, die will er machen.
Er erntet amüsiertes Lachen
und kommt auf der Karriereleiter
keinen Tritt nach oben weiter.
Der Club der Etablierten blockiert arrogant.
Sie halten ihre Pfründe fest in der Hand.
Gerechte Sache, will man nicht machen.
Moralisch sauber, ja das will man sein,
na ja, auch das wohl nur zum Schein.

Hallo Nachbar

Seit dreißig Jahren lebe ich hier,
geboren in diesem Land.
Mit welchem Recht, so sagt man mir,
bin ich hier nur Migrant?!
Selbst Vater und Mutter lebten schon hier.
Mein Vater- und mein Mutterland.
Ausländer raus!
Wo soll ich hin? Ich wohne hier,
das ist hier mein Zuhaus.
Bin Deutscher ebenso wie ihr,
so steht's in den Papieren.
Hallo Nachbar.
Warum willst du das nicht endlich akzeptieren?
Wir wohnen gemeinsam Haus an Haus.
Welcher Ausländer soll denn da raus?
Ihr rechten Patrioten seid nicht immer im Recht,
seid auch kein besseres Menschengeschlecht.
Hallo Nachbar.
Tolerieren, respektieren, mit Würde, Vernunft und Verstand
So könnte es funktionieren, das Leben in unserem Land.
Hallo Nachbar ... Hier meine Hand ...

„Henkersmahlzeit"

Die Dummen haben ihn gewählt.
Einige Kluge wohl auch mit Kalkül.
Und wie man sich hinter der Hand erzählt,
war wieder eine Menge Geld mit im Spiel.
Demokratisch Gesinnte fühlen sich verraten,
weil reaktionäre Kräfte die Mehrheit haben.
Seinen populistischen Fraß brauchte er nur vorzukauen,
sie mussten ihn nur schlucken
und gedankenlos verdauen.
Doch die Geschichte beweist,
diese Menschen werden wieder und wieder vergessen,
auf solche Mahlzeit folgt Übelkeit und
würgendes Erbrechen.
Demokratische Wahlen sind für Populismushungrige
gefundenes Fressen.
Demokratie ad absurdum!
Freiheit und Rechte kann man mal wieder vergessen.

·
———
·

Ignoranz

Wissenschaftler schaffen Fakten.
Ignorant legen Politiker sie zu den Akten.
Brisante Probleme hoffen sie so zu versenken.
Irrtum!
Jetzt ticken Bomben in den Aktenschränken.
Diese Ignoranz ist höchst fatal.
Doch leider politisches Ritual.

.
———
.

Jawoll, Herr General!

Über Jahrhunderte ist und war es die
militärische Kaste,
die den kleinen Mann als Verlierer-Figur
in ihrem Machtspiel erdachte.
Der bejubelt ihre geschickt
inszenierten Heldentaten.
Und wird ideologisch skrupellos von
ihnen verraten.
Um politisches Versagen zu kaschieren,
zitiert man plump den Feind von außen
und befehligt die Verlierer-Figuren
auf das militärische Spielfeld nach draußen.
Indoktriniert für König, Ehre und
Vaterland,
verliert der Bürger den gesunden
Menschenverstand.
So zum Stolz jener willfährig
patriotischen Mutter,
schulterten ihre Söhne die Gewehre
und fielen als Kanonenfutter
sinnentleert auf dem Feld der Ehre.
Ehre wurde ehrlos eingesetzt
als psychologische Waffe,
gezielt gerichtet auf die eigene
völkisch genormte Rasse.
Früher wie heute, der Mensch ist am Ende denen doch egal.
Nichts weiter als strategisches Kriegsmaterial. LAUTER GE-
BRÜLLT:
JAWOLL, HERR GENERAL!!

Kolonisation

Unterdrückung und Ausbeutung wurden moralisch ka-
schiert,
indem man, zu ihrem Heil, heidnische Wilde christiani-
siert.
Der weiße Mensch in seinem Überlegenheitswahn
indoktrinierte indigene Traditionen mit Prüderie und
christlicher Scham.
Er zerstörte Jahr tausende natürlich gewachsene Lebens-
formen
mit seiner Dekadenz und abendländischen Gesellschafts-
normen.
So wurden ganze Kulturen Opfer brachialer Kolonisation.
Ganze Völker gezwungen zu menschenverachtender
Fron.
Noch heute ist das Beuteschema kolonialer Aggression
schamlose Ausbeutung indigener Arbeitskraft zu nied-
rigstem Lohn.
Für diese Entartung zum symbolischen Klischee
wurde ein devoter Mohr in Dienstbotenlivree.

·
———
·

Rentnerdasein

Jahrzehntelang treibende Kraft
in der Arbeitswelt
werden sie aufs Abstellgleis
so einfach weggestellt.
Bürokratisch stur verwaltet
gelten sie als nutzlos und veraltet.
Man sagt, sie stehen mit einem
Bein im Grab,
das andere bleibt noch draußen.
So kommt niemand mehr in Trab.
Es ist zum Haareraufen.
Legt die Hände nicht in den Schoß,
tut nicht so gottergeben!
Das Abstellgleis ist chancenlos.
Dampft zurück ins volle Leben!
Dank der sturen Bürokratie
habt ihr Zeit dazu wie vorher nie.

·
—
·

Schaut euch diese Frauen an

Es ist keine Revolution,
sondern weibliche Intuition.
Langsam mit subtiler Kraft
schwindet die männliche Vorherrschaft.
Schaut euch diese Frauen an!
Stellen sich selbstbewusst dem Männerwahn.
Auf Augenhöhe mit festem Blick
fordern sie ihr eigenes Geschick.
Historisch eine Zeitenwende
geht der maskuline Egotrip zu Ende.
Die sogenannte Männerwelt
wird gesellschaftlich auf den Kopf gestellt.
Doch was wir nicht brauchen: Frauen VORHERRSCHAFT!
Auch nur eine feminine Art der Männermacht.
Um unser Schicksal ist es am besten bestellt
mit einer gleichberechtigten Geschlechterwelt.

.
———
.

Stumpfgehörnt

Am Anfang einer politischen
oder wie auch immer gearteten Karriere
kommt dem jungen Menschen so
manches in die Quere.
Erst mal bremst man seinen
enthusiastischen Schwung
mit dem Argument,
er sei noch zu jung.
Er müsse sich erst mal die
Hörner abstoßen.
Denn nur stumpfgehörnt, damit
man niemand verletzt,
wird man in ein Amt versetzt.
Ist er dann im Amt und strebt
nach Würde,
kommt für ihn die nächste Hürde.
Denn noch immer kann er es
nicht lassen,
sich zu ereifern und nicht anzupassen.
Um Würde zu erlangen in den
erlauchten Kreisen,
muss man stumpfgehörnte
Anpassung beweisen.
Erst dann sind Amt und Würden
die gebotene Option;
in solchem dekadenten Zirkel
ein zweifelhafter Lohn.

US Democracy

Da ist nur Schwarz oder Weiß,
Republikaner oder Demokraten.
Andere Parteien scheint es nicht zu geben.
Doch eine Gesellschaft definiert sich auch
durch Vielfalt der Gesinnungsarten.
Eine bunte Palette im politischen Leben.
Doch Schwarz und Weiß haben
auch starke Kontraste.
Und deutlicher können die nicht sein,
als in diesen beiden dominierenden Parteien.
Die Bürger sind zwischen zwei Fronten geraten.
Und wenn sie pflichtbewusst zum Wählen gehen,
muss die jeweils eine Hälfte die Gesinnung
der anderen ertragen.
Verlierer im demokratischen Regelsystem.

Volksvertreter

Versteht ihr, was die da eigentlich sagen?
Die, die sich ständig über alles beklagen?
Notorische Nörgler, ohne Sinn für Humor,
blasen uns ihren Missmut ins Ohr.
Machen alles zur volkseigenen Sache.
… dass ich nicht lache.
… dass ich nicht lache.
Warum meinen sie immer für alle zu reden?
Wer hat sie denn darum gebeten?
Sie glauben alleine, die Gesellschaft zu sein.
Doch die ist nun wahrlich kein Stammtischverein.
Sie stehen ständig auf moralischer Wache.
… dass ich nicht lache.
… dass ich nicht lache.
Voreingenommen, ohne zu hinterfragen,
geifern sie viel; haben jedoch wenig zu sagen.
Ständig hetzend
sind sie zersetzend,
Populismus, ja, das ist ihre Sache.
… dass ich nicht lache.
… dass ich nicht lache.

Wahlversprechen

Ein Politiker versprach seinen Wählern
ein gutes Leben
und er löste sein Versprechen
auch tatsächlich ein.
Generationen werden davon noch reden.
Na ja … So könnte es ja doch mal sein!

·
—————
·

Willkommenskultur

Auch ihnen lasst uns eine Zukunft schenken.
Gemeinsam die Geschicke lenken,
in Frieden, Freiheit mit Empathie.
So brechen wir Lanzen über dem Knie.
Engagierte Menschen im ganzen Land.
Aus freiem Willen bringen sie sich ein.
Sie haben die Zeichen der Zeit erkannt,
wollen einfach nur helfen und menschlich sein.
Es sind keine Fremden, nur Menschen in Not,
Nächstenliebe, ihr Christen, ist euer Gebot.
Und ihr da mit Fremdenhass und Feindlichkeit,
erkennt auch ihr die Zeichen der Zeit.

Wir

Solidarität und Gemeinschaftssinn!
Stellt euch vor, es ist Krieg und keiner geht
hin.
Was wollen Despoten denn ohne
uns machen, wenn wir ihre
Machtgier ignorant verlachen?
Wenn wir friedlich uns zusammenrotten,
um ihren Populismus zu verspotten.
Gegen ihre intrigante Egomanie
setzen wir die Kraft der Empathie.
Solidarität und Gemeinschaftssinn!
Sie wissen genau, das kriegen wir nicht hin.
Wir lassen uns immer wieder manipulieren,
durch listig verlogene Versprechen verführen.
Ob wir es irgendwann nun doch mal schaffen?
Wohl kaum … Seit jeher sind sie es, die über uns lachen.

.
_____
.

Religionen

Das Heilsversprechen

Über zwei Jahrtausende ungebrochen
hat der Klerus der Menschheit das Heil versprochen.
Geschickt erfand man Schuld und Sünde
und sicherte eifrig die feudalen Pfründe.
Schuldige Menschen sind Opfer der Macht.
Kleriker hatten es bewusst bedacht.
Ehrlichkeit, sie währt am längsten.
Wie soll das gehen mit schuldvollen Ängsten?
Die Münze in dem Beutel klingt,
die Seele aus dem Feuer springt!
Ablass und Aktien mit viel Dividende,
Pfaffen wie Bänker reiben genüsslich die Hände.
Arm und keusch, so sollten sie leben,
Hilfe in Demut den Ärmsten geben.
Im Buch der Bücher steht geschrieben,
Du sollst auch Deinen Nächsten lieben.
Denunziation, listige Intrigen und Inquisition,
immer schafften es Päpste auf weltlichen Thron.
Du sollst nicht töten.
Doch endlose Kriege der Konfessionen,
Kreuzzüge, Raubzüge mussten sich lohnen,
ohne das Leben der Menschen zu schonen.
Keuschheit machen sie dem Volk bewusst,
einige lieben die Fleischeslust.

Sie halten subtile fromme Reden,
missbrauchen Kinder, traumatisieren ihr Leben.
Demut ... Ha!
Gebieterisch krümmt er die segnende Hand.
Auf die Knie, küsst seinen Ring ohne Sinn und Verstand!
Oh, Jesus, Jesus, mit ihren Taten haben sie Deine Gebote
verraten.
Verspottet auch all' Deine guten und ehrlichen Treuen.
Hochwürden der Machtmensch ... wird er bereuen?
Doch politischer Klüngel bleibt Tradition.
Glaube bleibt kalkulierte Macht,
das schafft Einfluss ... Welch ein Hohn,
nur so weiter, wär' doch gelacht.
Auf immer und ewig, wer's glaubt wird selig,
na ... dämmert's allmählich?!

·
———
·

Die Scheinheiligen

Mit scheinheilig streng verbissenen Mienen
knien sie in Kirchenbänken und
demonstrieren verordnetes Sühnen.
Doch kaum haben sie die kirchlichen Mauern
verlassen,
beginnt bigottes Posieren auf sonntäglichen
Straßen.
Mit zur Schau getragener Redlichkeit,
hochgeschlossenen Blusen und gescheitelten Haaren
sind sie zu jeder Attacke bereit.
Und lassen sozial Schwache ihre Arroganz erfahren.
Sie spielen sich auf als sittliche Wächter
und Hüter der Moral.
Dafür ernten sie oft auch Hohngelächter,
denn sie handeln oft genau diametral.
Der Schein ist ihnen heilig.
Sie kämpfen dafür, dass man sie nicht entlarvt.
Moralisch ist solch ein Gefecht nur peinlich.
Da oben werden sie wohl dafür bestraft!?

.
—————
.

Göttergelächter

Religionen sind adäquate Instrumente der Macht.
Sie haben der Menschheit meist Unheil gebracht.
Imperiale Gefüge sind aufgebaut
auf Glaube und göttlicher Ordnung, der man vertraut.
Seit je ist die Moral dieser Ordnung eine Frage der Sicht.
Besonders wenn die Realität nicht den Grundsätzen ent-
spricht.
So wurden Götter zu Handlangern imperialer Eliten gemacht.
Und ganze Völker moralisch verwerflich um ihre Rechte
gebracht.
Der Sapiens in seiner archaischen Angst vor Vergänglichkeit
erklärt sich zu jeder Manipulation für sein Heil bereit.
Tatsächlich aber ist das alles nur menschengemacht.
Und die Götter hätten darüber schallend gelacht.

·
‾‾‾‾‾‾
·

Lourdes

Ein Bauernmädchen stand vor
einer Grotte in den Pyrenäen
und hatte in einer Vision die
Mutter Gottes darin gesehen.
Diese pubertäre Phantasie
begründete eine klerikal profitable
Tourismusindustrie.
Das spirituelle Vermächtnis solcher Visionen
sollte der Klerus in stiller Demut respektieren,
anstatt sie zu missbrauchen für merkantile Millionen
und damit jede Glaubwürdigkeit zu riskieren.
Doch dieses Risiko ist offensichtlich sehr gering.
Gläubige Pilger nehmen das Spektakel kritiklos hin.
Keine Zweifel, keine wissenschaftlichen Analysen,
Jahrhunderte hat man ihnen beigebracht, sich
fraglos in Demut zu fügen.

.
————
.

Weihnacht

Draußen vom Walde, da komm ich her.
Ich muss euch sagen, es weihnachtet nicht mehr.
All überall auf den Tannenspitzen sah ich güldene Tränlein blitzen.
Und hoch droben aus dem Himmelstor
schaute das traurige Christkind hervor.
Die Krippe ist leer.
Der Stern ist erloschen.
Besinnliche Einkehr gibt es kaum mehr.
Ihr habt mit Kommerz auf sie eingedroschen.
Doch hoch oben singt noch der Engelein Chor,
ihr aber habt eure Stöpsel im Ohr.
Gekappt die Verbindung zu sphärischen Klängen,
friedlich-fröhlichen Festtagsgesängen.
Doch irgendwann kommt der Moment,
wo ihr euch selber nicht mehr kennt.
Tief drinnen mahnt ahnungsvoll der Engelein Chor.
Ihr stutzt, ihr lauscht, ihr zieht die Stöpsel aus dem Ohr.

Zeitlosigkeit der Zeit

Auf Schritt und Tritt,
die Zeit geht mit.
Auch wenn wir gar nicht vorwärts
oder rückwärts gehen,
uns einfach nur im Kreise drehen,
mit der Zeit wird unser Leben
zeitgleich immer weiter gehen.
Mancher glaubt, sogar der Zeit voraus zu sein.
Sie lässt ihn bei seinem Glauben und holt ihn wieder ein.
Zeit bedeutet Unendlichkeit in unvorstellbarer Dimension.
Der Mensch ist so vermessen und glaubt, er könne sie auf
einen Punkt zusammenpressen.
In Wahrheit ist der Zeitpunkt nur
ein Farbklecks auf dem Zifferblatt der Uhr.
Zeitpunkt, zeitnah etc.,
alles nur menschengemachte Größen.
Irgendwann in der Zeitlosigkeit
ist alles samt der Menschheit mal gewesen.

Zur ewigen Ruh

Irgendwann legt sich jeder mal zur letzten Ruh
und macht für immer die Augen zu.
Doch für diese Ruhe gibt es keine Garantie.
Mancher fällt vor dem Jüngsten Gericht auf die Knie.
Der Zweite schafft es gar nicht erst an diese Stelle.
Den schickt man gleich zur Strafe in die Hölle.
Ein anderer muss als seelenloser Geist
zurück ins Erdenleben,
was wiederum beweist,
die da drüben können keine Ruhe geben.
So haben sie alle ihre liebe Not.
Sie sind gestorben und doch nicht tot.

.
———
.

Nachwort

Was bleibt uns am Ende noch zu sagen
nach all dem Verdruss in unseren Tagen?
Endlich raus aus dem Dunkel der Sensationsindustrie,
hinaus in das Licht in seiner kosmischen Magie!
Es gibt doch auch Wahres und Gutes auf dieser Erde.
Wo sind die beglückenden schöngeistigen Werte?
Danach sollten wir suchen,
denn in allen Kulturen
hinterlassen auch sie ihre prägenden Spuren.
Würde das Menschlein diese Kurve kriegen,
ja, die Menschheit, die hätte ihren Frieden.